Helmut Donsbach

Genießen und verzichten

Eine Lebenskunst neu entdecken

BRUNNEN
VERLAG GIESSEN · BASEL

Umschlagfoto: Creative Collection, Freiburg
Umschlaggestaltung: Ralf Simon
Satz: DTP Brunnen
Herstellung: St.-Johannis-Druckerei, Lahr
ISBN 3-7655-5184-8

Inhalt

„Ich kann leben wie ein Bettler und auch wie ein König“[1]

Von Lebenskünstlern ist manchmal in Illustrierten zu lesen. Sie werden belächelt oder beneidet. Aber mit der Realität unseres Alltags scheinen sie wenig zu tun zu haben. In unserer Vorstellung leben sie eher an exotischen Plätzen: unter einer Brücke in Paris oder auf einer Robinson-Insel im Pazifik – aber nicht bei VW am Fließband oder am Schreibtisch eines Steuerbüros. Sind Lebenskünstler einfach nur Aussteiger?

Möglicherweise gehört es tatsächlich zur Lebenskunst, den Ausstieg aus Zwängen zu schaffen, die uns daran hindern, das Leben zu genießen. Aber wer sagt, daß wir uns dazu ins Abseits begeben müssen? Notwendig ist eine Wiederentdeckung der Lebenskunst gerade in unserm Alltag:

- wo wir zum Beispiel mit viel Hektik Zeit zu sparen versuchen, mit der gewonnenen „Frei-Zeit“ aber wenig Befriedigendes anzufangen wissen;
- wo die Menge der Angebote nicht zu mehr Genuß, sondern – häufig genau umgekehrt – zu gereizter Langeweile führt: „Null Bock!“
- wo der Traum vom großen Glück nicht einmündet in die Wahrnehmung des *kleinen* Glücks, sondern in Suchtverhalten und andere Ersatzbefriedigungen.

Wo wir arbeiten, wohnen und Auto fahren, ja selbst im Urlaub, ist der Anblick von Menschen, die Zufriedenheit ausstrahlen, eine seltene Kostbarkeit. Was machen diese Leute anders? Liegt es an ihrer Unbedarftheit oder Frohnatur?

Haben sie mehr Glück und wir eben mehr Pech gehabt? Liegt es nicht doch daran, daß sie von ihren Lebensbedingungen her besser gestellt sind?

> 1996 lud DER SPIEGEL Wolfgang Joop und Tom Koenigs zu einem Streitgespräch über „Luxus" ein. Am Ende sagte Joop, Modeschöpfer und Unternehmer, über Tom Koenigs, der Anfang der 70er Jahre als Bankierssohn sein Millionenerbe verschenkte und es bis heute nicht bereut: „Ich habe das Gefühl, ich sitze vor einem mehrfachen Millionär. Ich sitze vor einem glücklichen Menschen. So einen reichen Menschen habe ich in der letzten Zeit nicht mehr gefunden."[2]

Sich alles leisten zu können, macht das Leben nicht reich, und Verzicht macht es nicht unbedingt arm. Natürlich taugt dieser Satz nicht als politisches Argument zur Rechtfertigung sozialer Ungerechtigkeiten. Es kann nicht angehen, daß den ohnehin Benachteiligten noch mehr Verzicht gepredigt wird, während die Bevorzugten ihre Gewinne zu deren Lasten steigern. Aber es stimmt eben auch nicht, daß Lebensqualität nur vom materiellen Besitz abhängig ist und der Lottogewinn automatisch ein sorgenfreies Leben garantiert.

Unser seelisches Befinden ist vielleicht weniger, als wir meinen, abhängig von den äußeren Lebensbedingungen oder auch – wie viele es wertend ausdrücken – vom Glück und vom Pech. Regentage im Urlaub müssen nicht zwangsläufig weniger erholsam sein als pralles Sonnenwetter. Es liegt wohl eher an der inneren Einstellung zu den äußeren Umständen, ob wir mit der jeweiligen Situation etwas anzufangen wissen.

Welche *Bedeutung* wir den Gegebenheiten beimessen und wie wir damit unser Leben positiv gestalten und verändern können, ist das Thema unzähliger philosophischer und religiöser Abhandlungen zur Lebenskunst – von der griechischen Antike über das Mönchtum des Mittelalters bis zur Esoterik unserer Tage. Wo sollen wir anknüpfen?

Die christliche Theologie, immerhin ein wesentlicher Teil der abendländischen Tradition, tut sich eigenartig schwer mit dem Begriff „Lebenskunst". Es gibt von alters her eine *ars moriendi*, Erwägungen zur Kunst des Sterbens, aber keine *ars vivendi*. Und auch noch in den neueren Erwachsenen-Katechismen wird eher über Lebens*hilfe* nachgedacht als über Lebens*glück* oder Lebens*kunst*.

Möglicherweise hat das einen Grund, der gar nichts mit der viel beklagten Lustfeindlichkeit der christlichen Lehre zu tun hat, sondern mit der Verehrung Gottes: Klingt es nicht sehr anmaßend, wenn ein Mensch behauptet, er wüßte „gekonnt" zu leben? Ist denn wirklich alles machbar? Liegt es nicht vielmehr an der Gnade Gottes, wenn unser Leben gelingt? Bei allen weiteren Überlegungen ist dieser Glaubens-Einwand sicher ernst zu nehmen. Aber er hat auch eine Kehrseite:

Auf weiten Strecken der Kirchengeschichte begegnen wir nicht nur interessanten Persönlichkeiten, sondern auch einem blutleeren, lustlos gelebten Christentum, das Gott die Verantwortung zuschiebt für alles, was uns am Leben hindert.

Können wir wirklich nichts tun? Viele wenden sich deshalb vom christlichen Glauben ab, weil sie sich nicht vorstellen können, daß dieser Glaube ihren Alltag positiv verändert, und weil sie erfülltes Leben nicht erst im Jenseits suchen.

Das Evangelium ist alles andere als die Geschichte eines Lebenskünstlers. Es geht um die Versöhnung Gottes mit uns Menschen. Aber die geschieht nicht nur im Tod Jesu, sondern auch durch sein befreiendes Leben, das diesen Tod erst verständlich macht. Wenn nur noch die Glaubensformel übrigbleibt, daß Jesus für uns gestorben ist – warum bemühen sich die Evangelisten dann mit soviel Liebe zum Detail, sein *Leben* zu beschreiben? Offenbar deshalb, weil sie selbst angesteckt waren von der atemberaubenden Freiheit und Dichte des Lebens, das aus der Verbundenheit mit Gott entstand: „ewiges" Leben im Hier und Jetzt.

Jesus, wie ihn das Neue Testament darstellt, war es möglich, zu genießen *und* zu verzichten. Er konnte so ausgelassen feiern, daß seine Zeitgenossen ihn einen „Fresser und Weinsäufer"[3] nannten, aber auch so asketisch leben, daß er „nichts hatte, wo er sein Haupt hinlegte"[4]. Er ermutigt seine Freunde, ihren Besitz zu verkaufen und den Erlös den Armen zu schenken.[5] Aber er genießt es durchaus, von einer Verehrerin mit kostbarstem Nardenöl gesalbt zu werden, für das ein Tagelöhner zwölf Monate hätte arbeiten müssen. Die Augenzeugen empfinden das verständlicherweise als inkonsequent: „Wozu diese Verschwendung?"[6]

Der Umgang mit Genuß und Verzicht ist bei Jesus keine Frage der Berechnung oder des Prinzips. Er verzichtet nie um des Verzichts willen, sondern weil zum Beispiel der Mensch vor ihm ihn mehr bewegt als der Gedanke an das Mittagessen. Er begibt sich in die Wüste, nicht weil er sich in solch einem Überlebenstraining selbst beweisen will, sondern weil er die „Auszeit" braucht, um sich auf seine Aufgabe zu konzentrieren. Sowohl der Genuß als auch der Verzicht verbinden sich bei Jesus auf faszinierende Weise mit der Liebe zum Leben, zu Gott und den Menschen. Und er fordert uns auf, von ihm zu *lernen*, wie ein Joch sanft und eine Last leicht sein kann.[7]

In seiner Nachfolge gibt es unzählige Beispiele von Menschen, die trotz schwieriger Lebensumstände zu einem sinn-erfüllten, zufriedenen Leben gefunden haben. Am eindrücklichsten hat es Paulus beschrieben: „Ich kann leben wie ein Bettler und auch wie ein König.“ Das klingt nicht nach einer blassen Opfergestalt, sondern nach einer kraftvollen Souveränität, die das Leben auch lustvoll zu genießen weiß.

Bleibt die Frage, ob es berechtigt ist, hier von „Lebenskunst“ zu sprechen. Wahrscheinlich war das Volk der Gläubigen in dieser Frage immer unbefangener als die Theologen. Wenn es stimmt, daß Kunst eine glückliche Verbindung von gelerntem Können und nicht lernbarer Begabung ist, dann müßte das auch auf die Lebenskunst zutreffen: Sie ist ein Geschenk des Himmels, zugleich aber auch ein sehr irdischer Lernprozeß, der Einsicht und Übung erfordert.

> „Ich habe gelernt“, sagt Paulus, „in allen Lebenslagen zurechtzukommen. Ob ich nun wenig oder viel habe, beides ist mir durchaus vertraut, und so kann ich mit beidem fertigwerden: Ich kann satt sein und hungern; ich kann Mangel leiden und Überfluß haben. Das alles kann ich durch Christus, der mir Kraft und Stärke gibt.“[8]

Zu den häufig zitierten Weisheiten unserer Tage gehört, daß wir uns künftig einem fortlaufenden Lernprozeß stellen müssen, wenn wir überleben wollen. Leider ist in diesem Zusammenhang selten davon die Rede, *was* wir lernen müssen, um unser Leben auch in Zukunft noch als lebens-

wert zu empfinden. Im Räderwerk des technischen Fortschritts, von Erfolg und Konsum zu funktionieren – das allein macht keinen Sinn.

Seit 1990 gibt es einen jährlichen UN-Bericht über die *menschliche* Entwicklung in den einzelnen Ländern: „Grundgedanke ist, daß das Bruttosozialprodukt pro Kopf nicht der einzige Maßstab für den menschlichen Fortschritt sein kann." Deutschland liegt derzeit auf Platz 19 und gehört damit – anders als z.B. Frankreich – zu den Ländern, die „es nicht geschafft haben, wirtschaftlichen Wohlstand in entsprechend besseres Leben für ihre Menschen zu verwandeln."[9]

Was ist mit „besserem Leben" gemeint? Fest steht, daß die großen politischen Probleme unserer Zeit, allen voran die Verteilung von Arbeit und Eigentum, sich nur lösen lassen, wenn wir andere Lebensziele entwickeln als die bisherige Ideologie der Wachstumsgesellschaft. Wir müssen eine neue Zufriedenheit lernen, die verzichten kann, um *uns, aber auch unseren Mitmenschen*, die Lust am Leben zu erhalten.

Genießen und verzichten: Mißverständnisse

Begriffe wie „genießen" und „verzichten" sind mit starken Gefühlen verbunden: Bedürfnisse und Ängste, die uns seit dem ersten Tag unseres Lebens vertraut sind. Es gibt ja kaum ein eindrücklicheres Bild für den Genuß als einen satten Säugling an der Mutterbrust. Jeder kennt aber auch den Zorn und die Entrüstung, wenn das Kind die Brust oder die

Flasche eben nicht wie erwartet bekommt. Aus der Erlebnisperspektive des Säuglings, der sich verlassen fühlt, geht es dabei tatsächlich um Leben und Tod. Genießen bedeutet: *Leben satt*. Verzichten bedeutet: *Sein Leben ist in Gefahr*.

Viele benehmen sich noch als Erwachsene wie Kinder, wenn sie einmal verzichten sollen. Sie bleiben ein Leben lang in der kindlichen Angst, nicht genug zu bekommen. Sie horten und geizen mit dem, was sie im Überfluß haben.

Vermutlich kennt jeder Menschen wie die reiche Tante, zu der ich als Kind öfter geschickt wurde. Ich erinnere mich sicher deshalb an ihren säuerlichen Körpergeruch, weil er Symbolgehalt hatte. Auf der großen Obstschale lagen die schönsten Früchte, aber wir mußten die angefaulten Äpfel immer zuerst essen. Bis die alle waren, hatten die anderen natürlich auch Stellen. Auf diese Weise sind nicht nur wir Kinder, sondern auch die Tante selbst nie in den Genuß eines knackigen Apfels gekommen.

Bei anderen äußert sich die Angst so: „Wir meinen oft tatsächlich, daß uns ein Mehr an Aufwand auch ein Mehr an Befriedigung verschaffen könnte.“[10] Dann müssen die Reize ständig gesteigert werden: beim Kaufen, beim Reisen, beim Essen, Trinken oder beim Sex. Wir spüren nicht, wann wir genug haben und daß unser Problem nicht im Mangel, sondern in der Unfähigkeit zu genießen liegt. Soziologen gebrauchen neuerdings den Begriff: „Infantilisierung unserer Gesellschaft“. Wir benehmen uns immer kindischer in der Angst, nicht genug zu haben; und das betrifft keineswegs nur die Armen. Selbst gestandene Pfarrer fangen an zu zetern, wenn sie auf 10 Prozent ihres guten Einkommens verzichten sollen, um arbeitslosen Vikaren eine Chance zu geben.

Zum Erwachsenwerden gehört, daß wir selbst dafür sorgen, genug zu *bekommen*, aber auch zu erkennen, wann wir genug *haben* und andere einmal dran sind. Ohne Genuß, Lust und Freude gehen wir ein, und wer nicht mehr genießen kann, wird bald zu einem ungenießbaren Menschen. Ungenießbar wird er aber auch dann, wenn er nicht verzichten kann, wenn seine Ansprüche zur Sucht werden oder alles überwuchern und seinem Mitmenschen den Platz an der Sonne wegnehmen. Dann schadet er sich selbst und wird zum unbeliebten Außenseiter, wenn nicht sogar zum Feind.

Wir brauchen die Fähigkeit, zu genießen *und* zu verzichten. Wir müssen mit beidem umgehen lernen wie der Autofahrer mit Gaspedal *und* Bremse. *Beide* sind zu seinem sicheren Fortkommen unerläßlich.

Daß bei unserem Thema manche Menschen mehr die eine, andere mehr die entgegengesetzte Seite betonen, liegt auch an den Zerrbildern von „genießen“ und „verzichten“. Es gibt zum Beispiel die fromme Klage, unsere Gesellschaft sei nur noch auf maximalen Genuß aus. Wenn sie das nur wäre! Genießen zu lernen könnte einem der großen gesellschaftlichen Probleme vorbeugen: der Sucht.

Genießen ist die wirksamste Sucht-Prophylaxe. (Selbst für Sucht*kranke,* denen natürlich nur der völlige Verzicht auf das Objekt ihrer Sucht bleibt, ist die Entwicklung der allgemeinen Genußfähigkeit eins der wichtigsten Themen in der Therapie.) Für alle anderen können wir sagen:

Wer mit guten Freunden zusammensitzt, den Wein im Glas schwenkt, die Farbe betrachtet, riecht, in Ruhe ein Stück Brot ißt, um den Geschmackssinn zu klären, und dann kostet, der ist nicht gefährdet – ganz anders als der einsame „Channel-hopper“ vor seinem Fernseher, der innerhalb von zwei Stunden die ganze Flasche und zwei Tüten Chips leert.

Wir müssen mit dem großen Mißverständnis aufräumen, daß Genießen zur „Völlerei" führt – in altkirchlicher Tradition übrigens eine der Todsünden. Wer von allem nicht genug bekommen kann, zeigt damit nur seine Genuß*unfähigkeit*. Den Problemen der Überflußgesellschaft können wir nicht begegnen mit der Aufforderung, *weniger* zu genießen. Im Gegenteil: Wir müssen es lernen, *mehr* zu genießen. Genuß ist kein Luxus, sondern ein Weg, mehr Lebensqualität mit weniger Konsum zu gewinnen. Weniger ist mehr, wenn wir verstehen, es zu genießen.

Die Gefahr der Sucht und des Hedonismus, einer nur noch ichbezogenen Lust, die uns gemeinschaftsunfähig macht, hat auf der anderen Seite dazu geführt, den Verzicht so stark zu betonen, daß er ebenfalls zum Angst machenden Zerrbild wurde. Leider sind die christlichen Kirchen daran nicht ganz unbeteiligt. Mönchsorden und Diakonissen etwa leiden bis heute unter dem Image freudloser, lebensuntüchtiger Selbstlosigkeit: Die eigenen Lebenswünsche sind bis zur Profillosigkeit reduziert.

In der Realität hat es solche Menschen glücklicherweise nur selten gegeben. Auch im Neuen Testament kommt das Stichwort *„Selbstlosigkeit"* nicht vor (genauso wenig wie „Selbstverwirklichung"). Wenn Jesus von Selbst*verleugnung* spricht[11], ist damit ein freiwilliges, gezieltes Neinsagen zu sich selbst gemeint. Seine Einladung zum Verzicht ist jedoch begleitet von der Aussicht auf Reichtümer „in hundertfältiger Zahl"[12]. Es gibt bei ihm keinen Verzicht um des Verzichts willen, sondern nur die gezielte Zurückstellung eigener Wünsche, weil momentan etwas anderes in den Vordergrund gerückt ist.

Selbst*losigkeit* ist eine Fehlform der Liebe – und noch dazu eine, die andere Menschen keineswegs beglückt. Wer kein Selbstwertgefühl besitzt, hat meistens auch kein Gefühl für den Wert anderer. Wer nichts hat, kann andern auch nichts schenken, und wer sich nur als unwürdigen Wurm ansieht, ist für seine Mitmenschen kein erhebender Anblick. „Selbstloser" Verzicht führt auch leicht dazu, daß andere sich in unserer Schuld fühlen:

Eine Krankenschwester hat mit ihrer scheinbar selbstlosen Art die ganze Station im Griff. Alle haben das Gefühl, zu wenig zu tun. Dabei ist sie sich gar nicht bewußt, daß sie aus ihrer „Anspruchslosigkeit" den heimlichen Gewinn der Machtausübung zieht.

Eine Mutter, die nur noch ein Schatten ihrer selbst ist, weil sie sich ganz für ihre Kinder aufopfert, merkt nicht, daß sie ihren Kindern damit keinen Gefallen tut. Sie macht sie nur von sich abhängig und verhindert die natürliche Ablösung.

Verzicht ist nur dort eine Wohltat, wo er nicht zum Vorwurf gerät; wo er aus einem vollen Herzen und nicht aus dem Gefühl der Leere entsteht. Der sauertöpfische Beigeschmack des Mangels verhindert oft, daß wir den sicherlich gutgemeinten Verzicht eines andern auch genießen können. Psychologen sagen, daß reifer Verzicht etwas mit Ich-Stärke zu tun hat und nicht mit Ich-Schwäche. Er ist die Fähigkeit, uns selbst zurückzunehmen, weil es etwas gibt, das uns im Augenblick wichtiger ist.

Sowohl der Genuß als auch der Verzicht sind ein Ausdruck seelischer Vitalität. Zerrbilder, die uns vor dem einen oder dem andern warnen, sollen oft nur die eigene Unfähigkeit verschleiern, mit *beidem* lebensfördernd umzugehen. Energie und Kreativität entstehen bekanntlich im Spannungsfeld zwischen zwei Polen; so auch beim Genießen und Verzichten. Wenn wir einen dieser Pole abwerten, geht das zu Lasten unserer Vitalität.

„Vielwilligkeit" oder: Die Angst, etwas zu verpassen

Genießen *oder* verzichten? Das ist die falsche Alternative, auch aus einem anderen Grund: Wir *können* gar nicht genießen, ohne auf etwas zu verzichten.

Wenn ich die Blüte des großen Magnolienbaums neben dem Rathaus genießen will, muß ich dazu stehenbleiben und mir Zeit nehmen, das Bild auf mich wirken zu lassen. Das bedeutet, daß ich gleichzeitig auf andere Möglichkeiten verzichten muß, zum Beispiel die Frau in dem offenen Cabrio zu beobachten, das gerade vorbeifährt. Je intensiver ich etwas in mich aufnehmen will, desto mehr muß ich mich konzentrieren, und das bedeutet: beschränken.

Die moderne Angst, etwas zu verpassen, ist vielleicht das größte Hindernis auf dem Weg des Genießens. Sie hindert uns daran, ganz im Hier und Jetzt zu sein. Die Folge ist häufig ein Gefühl der Leere mitten in einer Fülle von Eindrücken. Carl Friedrich von Weizsäcker soll einmal gesagt haben: „Wir gehen an unserer Vielwilligkeit zugrunde."

Die meisten von uns haben es sich angewöhnt, immer mehrere Dinge zugleich „laufen" zu lassen. In vielen häuslichen oder beruflichen Situationen wird das auch gefordert. Mehrere Dinge gleichzeitig bedeuten allerdings nicht, daß wir in dieser Zeit auch effektiver sind. Darauf weist die alte Ballade über einen unbekannten Weisen hin:

Als der einmal gefragt wurde, wie er trotz seiner vielen Tätigkeiten immer so gesammelt sein könne, gab er zur Antwort:

> Wenn ich stehe, dann stehe ich.
> Wenn ich gehe, dann gehe ich.
> Wenn ich sitze, dann sitze ich.
> Wenn ich esse, dann esse ich.
> Wenn ich spreche, dann spreche ich.

Damit gaben sich die Fragesteller nicht zufrieden. Etwas unwillig sagten sie: Das tun wir doch auch. Da sagte er zu ihnen:

> Nein.
> Wenn *ihr* sitzt, dann steht ihr schon.
> Wenn *ihr* steht, dann lauft ihr schon.
> Wenn *ihr* lauft, dann seid ihr schon am Ziel.[13]

Auch im zwischenmenschlichen Bereich kann die geteilte Aufmerksamkeit zu ernsthaften Schwierigkeiten führen.

Nur auf den ersten Blick wirkt es freundschaftlich und ungezwungen, wenn ich einen Bekannten besuche und er sich „nicht weiter stören" läßt. Das heißt: Er blättert in der Zeitung, steckt sich gedankenabwesend Weintrauben in den Mund, wirft ab und zu einen Blick auf den Fernseher (der Ton ist leise, damit er die CD in der Steroanlage mitbekommt), und er fragt mich: „Wie geht's dir? Erzähl mal."

Wenn wir nichts verpassen wollen, können wir uns auch auf nichts wirklich einlassen. Zerstreuung ist das Gegenteil von Genuß. Denn der erfordert ungeteilte Aufmerksamkeit.

Damit soll keine moralische Bewertung verbunden sein. Wenn wir lange Zeit konzentriert arbeiten mußten, ist uns manchmal nach Zerstreuung zumute. Aber wenn wir etwas genießen wollen, müssen wir uns entscheiden. Der Genuß *einer* Sache ist gleichbedeutend mit dem Verzicht auf eine andere.

Nur an wenigen Stellen der Weltliteratur wird das so plastisch beschrieben wie in der neutestamentlichen Geschichte von Maria und Martha:

> „Es begab sich aber, da sie weiterzogen, kam Jesus in ein Dorf. Da war eine Frau mit Namen Martha, die nahm ihn auf in ihr Haus. Und sie hatte eine Schwester, die hieß Maria; die setzte sich zu Jesu Füßen und hörte seiner Rede zu. Martha aber machte sich viel zu schaffen, ihm zu dienen. Und sie trat hinzu und sprach: Herr, fragst du nicht danach, daß mich meine Schwester läßt allein dienen? Sage ihr doch, daß sie es auch angreife! Der Herr aber antwortete und sprach zu ihr: Martha, Martha, du hast Sorge und Mühe um vielerlei; aber nur weniges, ja nur eins ist not. Maria hat das gute Teil erwählt; das soll nicht von ihr genommen werden."[14]

Die Rückführung auf das Eine, das im Augenblick unserer Aufmerksamkeit wert ist, ist integraler Bestandteil des Lukasevangeliums.[15] Vielleicht ist dieser Aspekt der Guten Nachricht, die Erlösung aus unserer „Vielwilligkeit", für unsere Zeit ebenso wichtig wie zur Zeit Luthers die Erlösung aus der Angst vor einem strafenden Gott.

Wer genießen will, muß sich für eins entscheiden. Das ist besonders schwierig für Menschen, die immer dann ein schlechtes Gewissen bekommen, wenn sie sich mal etwas gönnen. „Ich *möchte* genießen“, und „ich *sollte* verzichten“, diese beiden gegensätzlichen Absichten heben sich sozusagen gegenseitig auf.

In der Eheberatung erzählt ein Paar, was schließlich das Faß zum Überlaufen gebracht hatte: Die Hausfrau hatte zu Weihnachten ein festliches Essen auf den Tisch gebracht. Die Hähnchen waren knusprig, den Kindern lief das Wasser im Mund zusammen. Dieses opulente Mahl vor Augen, bekam der ökologisch engagierte Ehemann Gewissensbisse. Er sprach über die verhungernden Kinder im Sudan, die sie in der Tagesschau gesehen hatten. Das Essen begann kalt zu werden, allen verging der Appetit, die Frau war gekränkt. Ergebnis: Sie hatten weder das Essen genießen können, noch hatten sie einen Verzicht geleistet zugunsten der Hungernden.

Auch hier war das Problem die „Vielwilligkeit“. Wir können nicht *gleichzeitig* genießen und verzichten, durchaus aber nacheinander. Oder wie Therese von Avila es einmal gesagt hat: „Wenn Fasten, dann Fasten. Wenn Rebhuhn, dann Rebhuhn.“

Es ist eine Realität, daß die Menschen nicht überall auf der Welt gleichzeitig glücklich sein können. Während in den Slums von Bogota eine fröhliche Hochzeit gefeiert wird, stirbt bei uns ein einsamer Mensch auf der Intensivstation. Es hat keinen Sinn, gleichzeitig fröhlich und traurig sein zu wollen. Wir brauchen die ungeteilte Freude als Kraftquelle, um in einer anderen Situation genauso kraftvoll verzichten und helfen zu können. Beides zu seiner Zeit.

Wahrnehmen, was uns gut tut

Die Grundbedeutung des Wortes „genießen" erschließt sich aus der germanischen Wurzel **nut-:* „Erstrebtes ergreifen, in Nutzung nehmen".[16] Es gibt unendlich viel Wohltuendes für unser Leben zu nutzen, wenn es uns nur gelingt, die Situation zu ergreifen:

- wenn wir uns mit einem Blick verständigen oder ohne Verlegenheit zusammen schweigen können;
- wenn ein Freund mir sein Auto anvertraut oder sogar ein Geheimnis, das uns verbindet;
- wenn wir im Gleichschritt gehen, um die Wette laufen oder uns im Wasser austoben können;
- wenn wir uns auf einem einsamen Weg laut und nach Herzenslust singen hören (es gibt nicht nur *stille* Genießer);
- wenn wir auf dem Kontoauszug sehen, daß unsere Arbeit finanzielle Früchte trägt;
- wenn wir spüren, wie uns die Sonne auf den Bauch scheint oder ein Gewitter die Luft reinigt;
- wenn wir jemanden finden, der sich ebenfalls traut, die Pizza mit Knoblauch zu bestellen ...

Solche Augenblicke (manchmal im wahrsten Sinne des Wortes) können einen ganzen Tag verändern. Warum haben wir so wenig davon?

Möglicherweise haben wir es verlernt, wahrzunehmen, was uns gut tut. Das „Organ", mit dem wir genießen, ist unsere Sinnlichkeit, und die ist vielfach verkümmert oder korrumpiert. In der Sinnlichkeit begegnen sich äußere und innere Wahrnehmung: Der Duft, der Lärm, das Licht beeindrucken unsere Sinne, und wir reagieren darauf mit dem Empfinden von Lust oder Unlust. Sinnlichkeit hilft uns zu unterscheiden und festzuhalten, was uns Lust bereitet. Sie ist dazu gemacht, die heilsamen Kräfte der Schöpfung in uns aufzunehmen und auch zu spüren, was uns nicht gut tut.

Zu den Schäden der Zivilisation gehört, daß diese Funktion nur noch bedingt erfüllt wird. Wir müssen in vielen Bereichen neu lernen, unsere fünf (oder sechs?) Sinne zu sensibilisieren. Nur drei Beispiele:

- Wir essen soviel durcheinander, daß wir den Geschmack der einzelnen Speisen oft gar nicht mehr kennen. Wann haben wir zum letzten Mal ein Stück frisch gebackenes Landbrot „pur“ gegessen, ohne den üblichen Aufschnitt?
- Das Fühlen ist meist auf die Hände beschränkt oder neurotisch ins Innere verlegt. Wer denkt denn bei dem Wort „Ge-fühl“ noch an den Tastsinn?
- Wir lassen es zu, daß Geräusche oft nur noch als Gewirr, als „Kulisse“ bei uns ankommen und uns deshalb nichts mehr mitteilen können.

Was uns an der differenzierten Wahrnehmung hindert, ist allerdings nicht nur die mangelnde Übung, sondern auch die Bewertung der Sinnlichkeit. Es gehört sich nicht, mit der Nase zu schnüffeln oder jemanden zu bestaunen, wie Kinder das tun. Auch das Anfassen ist in weiten Bereichen tabuisiert. Und manche verbinden den Begriff „Sinnlichkeit“ von vornherein mit etwas Schlüpfrigem, Unanständigem.

Viele Sinneserfahrungen sind aus unserm Erleben gestrichen, weil sie mit Wertungen verknüpft sind, bevor wir uns überhaupt auf sie einlassen. Von einem Regenschauer bis auf die Haut durchnäßt zu werden, kann ein erfrischendes Vergnügen sein, ebenso das Abrubbeln und Warmwerden hinterher. Ich kann eine nächtliche Autofahrt von vornherein als ätzend empfinden oder sie genießen, weil meine Beifahrerin vertrauensvoll neben mir eingeschlafen ist. Vorurteile engen unser Leben ein. Sie können uns aufmerksam machen auf *mögliche* Negativerfahrungen. Aber sie sind nicht dazu da, ungeprüft übernommen zu werden.

Wenn wir wahrnehmen wollen, was uns gut tut, müssen wir die Verfügungsgewalt über unsere Sinne zurückgewinnen; wieder Herr bzw. Herrin unserer Sinne werden. Zum Wahrnehmen gehört aber auch, daß wir bereit sind, etwas – passiv – mit uns geschehen zu lassen, d.h. aufzunehmen und in uns einwirken zu lassen, was uns gut tut. Und das scheint gar nicht so einfach zu sein.

> Haben Sie es auch schon mal erlebt, mit einem Kompliment „stehengelassen" zu werden? Der andere tut so, als hätte er es nicht gehört, oder er wehrt es verlegen ab, indem er seine Schwächen dagegen aufrechnet. Oder er sagt: „Das hätte doch jeder getan." Wir fühlen uns abgewiesen. Dabei hätte die Situation der Anfang einer besseren Beziehung werden können – wenn er dieses Geschenk so hätte genießen können, daß ich es auch merke.

Viele Menschen weigern sich, etwas geschenkt zu bekommen. Denn eine Leistung, die nicht bezahlt werden muß, ist in ihren Augen verdächtig. Oder sie schämen sich, wenn sie sich in ihrer Bedürftigkeit erkannt fühlen, z.B. wenn jemand sieht, wie sehr sie sich nach einem guten Wort gesehnt haben. Sie schämen sich so sehr, daß sie dieses Wort, wenn sie es denn bekommen, gar nicht genießen können. Es kostet sie ganz viel Mut, in solchen Situationen einfach nur „danke“ zu sagen.

Immerhin haben sie in diesem Fall *erkannt*, was ihnen gut tut, auch wenn es ihnen schwerfällt, ihr Bedürfnis zu akzeptieren. Oft spüren wir aber nur, daß wir jetzt *irgend etwas* brauchen, und wir haben nicht die Geduld, herauszufinden, was es ist. Meistens geben wir uns dann mit einem naheliegenden Ersatz zufrieden, und das endet zwangsläufig in einer Enttäuschung.

> Eine junge Journalistin hatte ihre Fotos zum ersten Mal in einer Ausstellung veröffentlicht. Es war ein großer Erfolg. Als alle Besucher gegangen waren, hatte sie den Eindruck, sich etwas gönnen zu müssen. Sie ging auf einen Stadtbummel und kam mit einem Haufen Zeug nach Hause, das sie eigentlich nicht brauchte. Dann erst merkte sie, daß ihr eher nach Feiern zumute gewesen war als nach Einkaufen. Sie hätte eine Freundin einladen sollen, aber dazu war sie jetzt zu erschöpft. In ihrer Einsamkeit trinkt sie den Sekt alleine und wacht am nächsten Morgen mit einem Kater auf.

Zu den wichtigsten Voraussetzungen des Genießens gehört die Frage: Ist es wirklich *das*, was ich jetzt will? Oder wünsche ich mir eigentlich etwas ganz anderes? Manchmal, wenn nicht erreichbar ist, was wir begehren, bleibt uns gar nichts anderes übrig, als auf das zweit- oder drittbeste Objekt auszuweichen. Aber wir sollten uns nicht zu schnell damit zufriedengeben. Mehr Geduld und Ausdauer wird fast immer belohnt durch intensiveren Genuß. Wenn ich Lust habe auf ein Kräuter-Omelett und mir die Eier dazu fehlen, dann sollte ich lieber zu meiner Nachbarin gehen und welche leihen, statt mich mit einer Päckchen-Suppe abzuspeisen.

Genuß hat ein Vorspiel und ein Nachspiel

Wir leben in einer Instant-Gesellschaft. Sofort muß es sein und fix und fertig, ohne lange Umstände bitte. Das Warten ist eine Zumutung geworden. So erfreulich es ist, daß vieles heute schneller geht, es geht damit aber auch so vieles verloren:

- Es ist ein Unterschied in der Intensität des Erlebens und am Ende des Tages auch in der Art der Müdigkeit, ob ich mit dem Sightseeing-Bus die Mosel entlangfahre, ob ich das Schiff nehme oder auf dem Moselhöhenweg wandere.
- Eine im Vorbeigehen gekaufte Grußkarte („Ich liebe dich!") ist beim besten Willen kein Ersatz für den intimen, eventuell auch unbeholfen formulierten Brief von drei Seiten Länge.

Für das Mittag- oder Abendessen nehmen die Deutschen sich im Durchschnitt fünfzehn Minuten Zeit. Die Vorbereitung darf kaum länger dauern, von Hobbyköchen einmal abgesehen. Wir warten zum Essen auch nicht mehr aufeinander. Nur noch jeder 20. Bundesbürger nimmt die Haupt-Mahlzeit gemeinsam mit seiner Familie ein.[17]

Zum Genießen fehlt uns häufig ein unersetzlicher Faktor: die Zeit. Das heißt, die Zeit hätten wir vielleicht schon. Aber wir halten das, was wir genießen wollen, nicht für würdig, so viel von unserer Zeit an sich zu binden. Als wäre das Objekt darüber gekränkt, verweigert es uns den Genuß. Genüsse schließen sich gar nicht erst auf, wenn wir sie abkürzen wollen. Etwas auszukosten bedeutet ja gerade, den Genuß zu verlängern und zu vergrößern.

> Ich kann Vitamin C in Tablettenform zu mir nehmen oder ein Glas Orangensaft hinunterstürzen. Das löscht immerhin den Durst. Aber wenn ich mir die Zeit nehme, eine Apfelsine zu schälen und zu zerlegen, läuft mir das Wasser im Mund zusammen. Die aus der Schale freigesetzten ätherischen Öle verflüchtigen sich und steigen mir als Duft in die Nase. Ich freue mich auf den Moment des Zubeißens, und ich genieße es, wenn der Saft des Orangenstückes sich im Mund verteilt. Erst wenn der süß-saure Geschmack auf der Zunge nachläßt, greife ich zum nächsten Stück. Auf diese Weise habe ich mehr von der Orange – in jeder Hinsicht –, ganz abgesehen davon, daß der Organismus den Vitamingehalt besser aufnehmen kann.

Wir lassen unserm Körper wenig Zeit, sich auf den Genuß einzustellen und die Sinne zu koordinieren: Im Beispiel oben kommt zum Sehen das Riechen und Schmecken; Drüsen werden angeregt, Körpersäfte gebildet: eine wichtige Voraussetzung für den reifen Genuß, übrigens nicht nur beim Essen, sondern auch bei der sexuellen Vereinigung.

Ganz allgemein ist Genuß eine Frage der Reife. Die Natur ist so angelegt, daß sie die größte Lust verspricht, wenn der Wachstumsprozeß bis zur Reife gediehen ist. Dann ist das Obst am süßesten und die Liebe am ausdrucksvollsten und fruchtbarsten. Unreifes ist in den wenigsten Fällen genießbar und bekömmlich. Sich auf den Zeitpunkt der Reife vorzubereiten und abzuwarten, auch dazu gehört Reife – die menschliche Reife des Genießers.

Natürlich lebt das „Vorspiel" zum Genuß von der Erwartung. Ich muß zumindest eine Ahnung davon haben, was mich erwartet, eine positive Erfahrung in der Vergangenheit, die Lust auf Wiederholung weckt. Joop: „Kaviar schmeckt zuerst gar keinem. Der Genuß wird durch Wissen vorbereitet."[18] Genuß hat tatsächlich etwas mit Einbildung zu tun, im wohlverstandenen Sinne. Aber ist das so schlimm?

In der Vorfreude verschmelzen hinter uns und vor uns liegende gute Erfahrungen zu einem Hochgefühl. Wie wäre es sonst möglich, daß wir den Geschlechtsakt nicht bloß als körperlichen Reiz erleben, sondern als Liebe und völliges Angenommensein? Je mehr Zeit ich mir für die Vorfreude auf einen bestimmten Genuß lasse, desto stärker verbindet sie sich mit der Erinnerung an andere wohltuende Erfahrungen. Sie wird Teil meiner *Lebens*freude.

Vom Vorspiel zum Nachspiel. Viele Genüsse enden mit einem Kater, weil wir uns von einem schönen Gefühl nicht würdig verabschieden können. „Alle Lust will Ewigkeit", aber sie ist nun mal endlich.

- Weil wir uns nach zwei Gläsern Sekt irgendwie leicht fühlen, trinken wir mehr und wachen am nächsten Morgen mit einem dicken Kopf auf.

- Weil das Essen so gut schmeckt, nehmen wir nach und quälen uns den Rest des Tages mit einem lästigen Völlegefühl herum.
- Weil uns die Stadt Verona so gut gefällt, besichtigen wir immer mehr, bis wir am Ende so überreizt sind, daß wir uns gegenseitig anbrüllen.

„Wahres Genießen des Lebens sollte die ‚Kunst des Leichtbleibens' genannt werden", sagt Gabriel Barylli in seinem Roman „Butterbrot".[19] Um den Genuß in angenehmer Erinnerung zu behalten, müssen wir unser Maß finden, d.h. rechtzeitig aufhören, bevor wir „schwer" werden. Das ist der kritische Punkt. Wer das schöne Gefühl festhalten will, verdirbt alles. Eine wesentliche Hilfe zum Loslassen, ein Trost zum Abschied sozusagen, ist der zelebrierte Ausklang:

- Halten Sie sich nach der Urlaubsreise noch einen Tag frei, bevor Sie sich wieder ins Geschäft stürzen, und lassen Sie ein paar schöne Erlebnisse noch einmal Revue passieren.
- Verzichten Sie beim großen Menü ruhig auf ein oder zwei Gänge, aber nicht auf ein kleines Dessert.
- Bevor Sie die Kunstausstellung verlassen, nehmen Sie sich zur Erinnerung eine Postkarte mit und stellen Sie sie auf Ihren Schreibtisch.

Wenn der Genuß zu einer bleibenden Bereicherung werden soll, dann lassen Sie ihn bewußt ausklingen. Das verhindert ein „Festkleben" und erleichtert den Übergang zu neuen Aufgaben und Erfahrungen.

Muße: Verzichten auf alles, was man muß …

Was tun Sie, wenn Sie nichts tun? Angenommen, Sie haben einen freien Abend und sitzen auf dem Balkon: alleine, versteht sich. Sie leisten nur sich selbst Gesellschaft. Sie trinken nichts, Sie knabbern nichts, Sie rauchen nicht. Keine Zeitung, kein Buch, kein Radio. Draußen ist nichts los, was Ihnen Unterhaltung bieten könnte. Wie lange werden Sie das genießen können? Vermutlich werden Sie unruhig, bekommen Langeweile oder ein schlechtes Gewissen. Man könnte die Zeit doch wenigstens nutzen, über ein Geburtstagsgeschenk für Inge nachzudenken oder sich auf die Besprechung am Dienstag vorzubereiten …

Daß Nichtstun „vertane" Zeit ist, haben viele von uns früh gelernt: „Du hast wohl nichts zu tun" – dieser Satz läßt viele noch als Erwachsene aufschrecken. Und immer schon hat unsere „Faulheit" Wege gefunden, den äußeren oder inneren Antreiber auszutricksen: Wir geben uns einen emsigen Anschein, während wir in Wirklichkeit gänzlich unproduktiv sind. Auch wenn keiner zusieht, haben wir wenigstens unser schlechtes Gewissen beruhigt. In der Tat gibt es ja auch ständig irgend etwas, das noch zu erledigen wäre. Wir werden von unzähligen Stimmen bombardiert, die uns sagen, was wir tun sollen. Aber nur selten sagt uns jemand, was wir *lassen* dürfen. Die Genehmigung zum Nichtstun bleibt *uns* überlassen: ein immer wieder neuer, anstrengender Entscheidungsprozeß.

Um zur Ruhe zu kommen, müssen wir uns Zeit *nehmen*, gegeben wird sie uns wohl kaum. Es sei denn, wir halten uns an hilfreiche Strukturen wie das biblische Feiertagsgebot, das Arbeit und Muße in einem gesunden Rhythmus von 6:1 geregelt und für Gläubige verbindlich festgeschrieben hat:

> „Sechs Tage sollst du deine Arbeit tun; aber am siebenten Tage sollst du feiern; auf daß auch dein Rind und Esel ruhen und deiner Sklavin Sohn und der Fremdling sich erquicken.“[20]

Das Gebot hat zwei Begründungen: die Schöpfungsgeschichte (Gott ruhte am siebten Tag) und die Befreiung Israels aus dem pausenlosen Arbeitsdienst unter den Ägyptern. Darauf weist auch das hebräische Verb *schabbat* hin. Es bedeutet: aufhören. Aufhören können, Abstand bekommen, das Erreichte feiern und genießen, Besinnung auf das, was wir nicht machen, sondern uns nur schenken lassen können – darin liegt der Sinn dieses „Gebots“.

Die Autorität Gottes kann uns helfen, dem Antreiber in uns seinen Platz zuzuweisen. Darüber hinaus hat das Gebot auch eine soziale Komponente, die hochaktuell ist: Es geht nicht nur um die private Auszeit, sondern um Freiräume für die Gemeinschaft.

Wegen der ungleichen Arbeitszeiten gibt man sich in vielen Familien wechselseitig die Türklinke in die Hand. Es entstehen immer weniger *gemeinsame* Pausen, in denen es zu einer Begegnung ohne hektische Aktivitäten kommt. (Manche erleben das nur noch, wenn in der ganzen Stadt der Strom ausfällt. Andere schwärmen heute noch von den autofreien Sonntagen während der Ölkrise 1972.) Die kollektive Pausenlosigkeit wird zu einem der großen Probleme: „Die Welt strebt einer Öffnungszeit von 24 Stunden an 365 Tagen im Jahr entgegen.“[21]

Der für die gesamte Gesellschaft verordnete wöchentliche Feiertag gehörte zu den größten sozialen Errungenschaften des jüdisch-christlich geprägten Abendlands. Diese Errungenschaft ist immer weiter ausgehöhlt worden, und wir werden das Rad der Geschichte nicht so einfach zurückdrehen können. Um so wichtiger ist es, dem Sinn des Gebots zu folgen und im kleinen Rahmen Strukturen zu schaffen, die uns das Aufatmen ermöglichen. Es geht um Freiräume, in denen etwas geschehen kann, aber nicht muß – mit einem (alten) Wort: Muße.

Muße ist, wenn ich nichts muß. Natürlich können wir den vielen Zwängen, in die wir eingebunden sind, immer nur für eine mehr oder weniger kurze Zeit entgehen. Aber wer diese Pausen nicht wahrnimmt, wird krank. Der erste Schritt zur Muße könnte darin bestehen, uns über die vielen *Zwangs*pausen in unserm Alltag nicht mehr zu ärgern, sondern sie bewußt als solche zu erleben: Pausen vom Zwang, etwas zu müssen. Aus „verlorener Zeit" wird geschenkte Zeit:

- Während wir beim Friseur warten „müssen", können wir unsern eingesperrten Gedanken freien Lauf lassen oder ganz einfach Leute beobachten.
- Wenn wir den Zug verpaßt haben, können wir uns darüber schwarz ärgern oder die seltene Gelegenheit wahrnehmen, in der Bahnhofsbuchhandlung zu stöbern.
- Während wir mit dem Auto vor der geschlossenen Bahnschranke halten, können wir den Motor abstellen und einen wohltuenden Augenblick lang die Augen schließen.

Die Zwangspausen des Alltags sind wie ein Vakuum, das danach schreit, sofort wieder aufgefüllt zu werden. Es ist eine Frage der Einstellung und der Übung, ob es uns gelingt, diesem Druck standzuhalten und die Pausen Pausen sein zu lassen, sie am Ende sogar zu genießen.

Neben diesen ungeplanten Freiräumen braucht jeder von uns auch regelmäßige, verläßlich wiederkehrende Zeiten der Muße. Sie sollen unsern Alltagstrott unterbrechen und das Tempo aus dem Spiel nehmen; für kürzere oder längere Zeit verzichten auf alles, was man muß. Zu diesen Ritualen oder guten Gewohnheiten kann der Jahresurlaub genauso gehören wie der Austausch bei einer Tasse Tee, wenn wir nach Hause kommen; der Tagesrückblick vor dem Einschlafen, das Tischgebet oder eine tägliche „Stille Zeit".

Muße zu empfinden, ist normalerweise ein Hochgefühl. Auf dem Weg dahin müssen wir allerdings mit erheblichen Widerständen rechnen.

„Weil viel geschehen kann,
wenn einmal nichts geschieht,
muß immer etwas geschehen,
damit nichts geschieht."[21]

Das Telefon klingelt, und wir überlegen, ob wir nicht doch drangehen sollten. Oder es erinnert uns jemand, daß der Müll noch raus muß. Häufig sind es Banalitäten, die uns daran hindern, zur Ruhe zu kommen. Der größte Widerstand kommt aber von innen: Sind wir uns wichtig und interessant genug, um uns selbst Gesellschaft zu leisten? Mögen wir uns genug, um das Alleinsein mit uns selbst genießen zu können? Wer bin ich, wenn ich nichts tue? Diese Fragen können heilsam sein, jedenfalls für psychisch einigermaßen gesunde Menschen. In jedem Fall sind es unbequeme Fragen, und darauf reagieren wir mit Unruhe.

Um die Unruhe loszuwerden und Muße genießen zu können, werden wir die vorübergehende Leere aushalten müssen, die wir Langeweile nennen. Langeweile ist die typische Entzugserscheinung, die überreizte Menschen durchleben, wenn einige Zeit gar nichts geschieht. In dieser Leere erkennen wir unsere Abhängigkeiten. Es lohnt sich, ihr standzuhalten, weil wir auf diesem Weg die Verfügungsgewalt über unser Leben zurückgewinnen. Zu leben, nicht gelebt zu werden, ist nach allem, was wir wissen, die Grundlage der Lebenskunst.

Texthinweise

[1] Paulus, nach Philipper 4,12 (Übersetzung: Die Bibel in heutigem Deutsch, Stuttgart 1982)
[2] DER SPIEGEL, Ausgabe 51, S. 127 (Hamburg 1996)
[3] Matthäus 11,19 (Luther-Übersetzung, Stuttgart 1956)
[4] Matthäus 8,20 (Luther-Übersetzung, s.o.)
[5] Lukas 12,33 (Luther-Übersetzung, s.o.)
[6] Markus 14,4 (Die Bibel in heutigem Deutsch, s.o.)
[7] Matthäus 11,29 f. (Luther-Übersetzung, s.o.)
[8] Philipper 4,11-13 (Übersetzung: Hoffnung für alle, Basel und Gießen 1991/96)
[9] dpa-Bericht in der Hessisch-Niedersächsischen Allgemeinen Zeitung vom 10.09.1998
[10] Josef Kirschner, Die Kunst, ohne Überfluß glücklich zu leben (Locarno 1980), S. 83
[11] Lukas 9,23 (Luther-Übersetzung, s.o.)
[12] Markus 10,28-31 (Luther-Übersetzung, s.o.)
[13] Mündliche Überlieferung, 1961 aufgeschrieben von Josef Dirnbeck, 1983 vertont von Gerhard Schöne
[14] Lukas 10,38-42 (Luther-Übersetzung, s.o.)
[15] Weitere Beispiele: Lukas 9,57-62; 15,3-7 und 18,22
[16] Friedrich Kluge, Etymologisches Wörterbuch der deutschen Sprache (18. Aufl., Berlin 1960)
[17] Nach einem Report des Westfälisch-Lippischen Landwirtschaftsverbands in Münster (August 1998)
[18] DER SPIEGEL, Ausgabe 51, S. 127 (Hamburg 1996)
[19] Gabriel Barylli, Butterbrot (Frankfurt/Main 1991)
[20] 2. Mose 23,12 (Luther-Übersetzung, s.o.)
[21] Lothar Späth, Vorsitzender der Jenoptik, in einem Fernseh-Interview
[22] Erich Fried, zitiert in: Peter Lincoln, Der Raum in mir (Moers 1997)